Il Ricettario della Dieta Chetogenica 2021

Ricette facili per risparmiare tempo e denaro.

Perdere peso e abbassare il colesterolo con ricette Low Carb e ricette ad alto contenuto di grassi per le persone sempre impegnate.

Jessica Cooper

Indice

—

4

INTRODUZIONE

La dieta keto è l'ultima mania della dieta, ed è certamente una grande. La dieta keto è stata sviluppata per la prima volta nel 1950 dal Dr. Robert Atkins per curare la propria epilessia, ma oggi, quasi tutto può essere classificato come una dieta "keto".

La maggior parte delle persone pensa che seguendo una dieta "keto", perderà peso rapidamente e facilmente. Ma non fatevi ingannare, una dieta a base di keto è difficile da seguire e non è facile perdere peso. Infatti, può anche essere dannosa. Le diete a base di cheto sono ad alto contenuto di grassi e a basso contenuto di carboidrati, che di solito sono la principale fonte di energia per il nostro corpo. Questo fa sì che il corpo produca chetoni, che vengono utilizzati come fonte di energia alternativa per il cervello e per organi come i muscoli e il fegato - un processo chiamato chetosi.

Si può perdere peso e godere dei benefici di una dieta a base di keto senza dover cambiare radicalmente lo stile di vita. La chetosi è uno stato fisiologico naturale che il vostro corpo entra in uno stato di chetosi. Quando il vostro corpo è in chetosi inizia a bruciare i grassi per ottenere energia piuttosto che utilizzare gli zuccheri.

È un'ottima notizia per la vostra salute, ma cosa succede se non vi piace mangiare carne o altri prodotti animali? Non preoccupatevi! Ci sono molti cibi che si possono mangiare mentre si segue una dieta a base di keto. Mentre molte persone pensano che le diete a basso contenuto di carboidrati siano a basso contenuto di proteine, le persone che seguono una dieta a base di keto consumano in realtà più proteine di quante ne consumerebbero normalmente in una dieta standard americana.

Quando si eliminano i carboidrati dalla dieta, alcune persone scopriranno che sono in grado di perdere peso rapidamente. Si può anche scoprire che si è in grado di esercitare più vigorosamente di prima.

La maggior parte delle diete senza carboidrati non sarà efficace come una dieta a basso contenuto di carboidrati quando si tratta di perdere peso, ma per coloro che desiderano eliminare i carboidrati per altri motivi, l'adozione di una dieta keto potrebbe essere la risposta ai loro problemi.

Una dieta keto limita i carboidrati al punto in cui il corpo comincia a decomporsi e a bruciare i grassi come carburante. Il risultato è la perdita di peso e una migliore salute generale. Questo libro copre tutto ciò che riguarda la dieta ketogenica, compreso ciò che è, ciò che fa, e perché è diventato così popolare nel mondo moderno.

La dieta chetogenica è una dieta ad alto contenuto di grassi, a basso contenuto di carboidrati che costringe il corpo in uno stato di chetosi. Come potete immaginare, questo è uno stato in cui il corpo usa il grasso come fonte primaria di energia al posto dello zucchero o dei carboidrati.

Anche se il nome può sembrare intimidatorio, in realtà è abbastanza semplice da seguire. Si inizierà limitando i carboidrati a meno di 50 grammi al giorno, che è di circa sei o nove cucchiaini da tè per la maggior parte delle persone. Se volete vedere alcuni risultati rapidi, potete provare a rinunciare a tutti i cereali del tutto, oppure potete semplicemente tagliare i carboidrati che non sono nella lista qui sotto:

pani (comprese le barre) a base di cereali come il frumento e la segale

prodotti da forno (ciambelle, muffin, biscotti) a base di farina di frumento, segale o orzo

cereali (corn flakes, cereali di frumento, avena o orzo)

carni lavorate come il bacon

caramelle dolcificate con zucchero (incluse bevande zuccherate come soda e succhi di frutta)

grassi e oli, compresi margarina e maionese che contengono grassi trans*

La dieta chetogenica è nota per i suoi benefici. E 'stato usato per trattare l'epilessia, il cancro, e molte altre condizioni di salute. Per saperne di più sui benefici del piano dei pasti chetogeni, continuate a leggere per saperne di più sulla dieta chetogenica.

Quando si è impegnati in una dieta KETO DIETA, si vuole rendere il più facile possibile seguire la dieta.

Ecco perché abbiamo realizzato il Keto Diet Cookbook - contiene oltre 100 ricette facili da seguire, insieme a liste di spesa e piani di pasto.

Potete usare il Keto Diet Cookbook per i pasti quotidiani o come guida di riferimento durante la vostra dieta. Il Keto Diet Cookbook Dieta include ricette che sono facilmente preparati con ingredienti che probabilmente già avete in casa.

COLAZIONE

Farina d'avena Keto

Tempo di preparazione: 5 minuti

Tempo di cottura: 10 minuti

Porzioni: 1

INGREDIENTI:

- 1 cucchiaio di semi di lino
- 1 cucchiaio di semi di chia
- 1 cucchiaio di semi di girasole
- 1 pizzico di sale
- 1 tazza di latte di cocco o di mandorla non zuccherato

DIREZIONI:

1. Preparare e mescolare tutti gli ingredienti in una piccola casseruola.

2. Portare la miscela ad ebollizione. Ridurre il calore e far bollire a fuoco lento la farina d'avena fino a raggiungere lo spessore desiderato. Ci vorranno alcuni minuti.

3. Ricoprire la farina d'avena con un grumo di burro o una piccola quantità di latte di cocco o di mandorla con cannella o bacche fresche non zuccherate. Scegliete le opzioni di condimento che vi piacciono.

NUTRIZIONE: Calorie: 385g Grasso: 60g Carboidrati: 8g Proteine: 10g

Frittelle di cavolfiore

Tempo di preparazione: 5 minuti

Tempo di cottura: 10 minuti

Porzioni: 4

INGREDIENTI:

- 450 g di cavolfiore
- 3 uova
- ½ cipolla, grattugiata
- 1 cucchiaino di sale
- 2 pizzichi di pepe
- 110 g di burro per friggere

DIREZIONI:

1. Sciacquare, tagliare e tritare il cavolfiore con un robot da cucina o una grattugia.
2. Mettere il cavolfiore in una grande ciotola. Aggiungere il resto degli ingredienti e mescolare il tutto. Mettere da parte la massa risultante per 5-10 minuti.
3. Aggiungere un burro grande in una padella grande a fuoco medio.
4. Per mantenere caldi i primi lotti di frittelle durante la cottura del resto, metteteli in forno preriscaldato a bassa temperatura.
5. Mettete il composto di cavolfiore al cucchiaio e mettetelo nella padella per formare delle frittelle. Formare con un cucchiaio in modo che abbiano un diametro di circa 7-10 cm.
6. Friggere le frittelle per 4-5 minuti su ogni lato. Regolare la temperatura durante la frittura in modo che le frittelle non brucino.

NUTRIZIONE: Calorie: 280g Grassi: 26g Carboidrati: 5g Proteine: 7g

Muffin con formaggio e salsiccia

Tempo di preparazione: 10 minuti

Tempo di cottura: 20 minuti

Porzioni: 6

INGREDIENTI:

- 2 scalogni, finemente tritati
- 150 g di salsiccia di salsiccia, salame o pancetta tostata tritata, salsiccia di salsiccia, salame o pancetta tostata
- 12 uova
- 2 cucchiai di pesto rosso o verde (opzionale)
- Sale e pepe
- 175 g di formaggio grattugiato

DIREZIONI:

1. Preriscaldare il forno a 175°cup
2. Preparare lattine di muffin antiaderenti. Se si usano lattine di silicone, spennellarle con burro.
3. Posizionare gli scalogni e le salsicce sul fondo degli stampi.
4. Sbattere le uova con pesto, sale e pepe. Aggiungere il formaggio al composto, mescolare bene il tutto.
5. Versare questa miscela sullo scalogno e sul salsicciotto.
6. Cuocere i muffin all'uovo con salsiccia e formaggio in forno per 15-20 minuti.

NUTRIZIONE: Calorie: 335g Grassi: 26g Carboidrati: 2g Proteine: 23g

Keto Omelet Caprese con formaggio

Tempo di preparazione: 5 minuti

Tempo di cottura: 10 minuti

Dosi: 2

INGREDIENTI:

- 6 uova
- Sale e pepe
- 1 cucchiaio di basilico fresco, tritato o essiccato
- 2 cucchiai di olio d'oliva
- 75 g di pomodori ciliegini, tagliati a metà o a fette
- 150 g di mozzarella fresca a dadini o a fette

DIREZIONI:

1. Rompere le uova in una grande ciotola e condirle con sale e pepe a piacere.

2. Sbattere bene le uova con una forchetta. Aggiungere il basilico e mescolare bene il tutto.

3. Olio da riscaldamento in una grande padella. Arrostire i pomodori per qualche minuto.

4. Versare le uova sbattute sui pomodori. Aspettate che la frittata si indurisca un po' e poi aggiungete la mozzarella.

NUTRIZIONE: Calorie: 533g Grassi: 43g Carboidrati: 4g Proteine: 31g

Frittata con pancetta e asparagi

Tempo di preparazione: 10 minuti

Tempo di cottura: 20 minuti

Porzioni: 1

INGREDIENTI:

- 8 fette di pancetta, tagliate finemente
- 1 testa di asparagi, tagliata a dadini
- 2 spicchi d'aglio
- 10 uova grandi
- 1 tazza di formaggio cheddar a pezzetti
- ¼ di tazza di panna da montare pesante
- ¼ di tazza di prezzemolo, tritato finemente
- 2 cucchiai di cipolle verdi tritate
- ½ cucchiaino di sale

- Pepe, a piacere

DIREZIONI:

1. Ingrassare la teglia con olio e preriscaldare il forno a 180°.
2. Friggere la pancetta in una padella media fino a quando non è croccante. Muovetelo e mettetelo su tovaglioli di carta per scolare l'olio in eccesso. Lasciare l'olio nella padella dopo aver fritto la pancetta.
3. Friggere gli asparagi nello stesso olio con cui avete cotto la pancetta fino a quando volete (gli asparagi cuociono al forno).
4. Aggiungere l'aglio e cuocere per un altro minuto.
5. Togliere la padella dal fuoco.
6. Mettere le uova, la pancetta, il formaggio cheddar, la panna, il prezzemolo, le cipolle verdi, gli asparagi, il sale e il pepe in una ciotola capiente.
7. Mescolare e versare il tutto in una teglia preparata.
8. Cuocere in forno per 15-20 minuti.
9. Aggiungere il formaggio rimasto qualche minuto prima della fine della cottura per far sciogliere la frittata.
10. Togliere dal forno e cospargere la frittata con il resto della pancetta e le cipolle verdi.

NUTRIZIONE: Calorie: 194g Grasso: 12g Carboidrati: 6g Proteine: 15g

Funghi Keto Omelet te

Tempo di preparazione: 5 minuti

Tempo di cottura: 5 minuti

Porzioni: 1

INGREDIENTI:

- 3 uova
- 30 g di burro, per friggere
- 30 g di formaggio a pezzetti
- ¼ di cipolla gialla, tritata finemente
- 4 funghi grandi, tagliati longitudinalmente
- Sale e pepe

DIREZIONI:

1. Rompere le uova in una ciotola e condirle con un pizzico di sale e pepe. Sbattere con una forchetta fino ad ottenere un composto omogeneo.

2. A fuoco medio, mettere il burro e aggiungere i funghi, mescolare costantemente, e poi coprire con il composto di uova.

3. Quando la frittata comincia a solidificarsi, ma è ancora liquida, cospargeteci sopra un po' di formaggio grattugiato.

4. Con una spatola, allentare e sollevare il bordo della frittata, quindi piegarla a metà.

5. Quando la frittata sottostante è di colore marrone dorato, togliete la padella dal fuoco e mettete la frittata su un piatto.

NUTRIZIONE: Calorie: 201g Grassi: 4g Carboidrati: 5g Proteine: 26g

Keto Shakshuka del Sud

Tempo di preparazione: 10 minuti

Tempo di cottura: 5 minuti

Porzioni: 6

INGREDIENTI:

- ¼ di tazza di olio d'oliva
- 3 manciate di verdure a foglia tritata
- 1 cipolla media, tagliata ad anelli
- 1 peperone jalapeno medio, tritato finemente
- ½ peperone verde a fette
- 4 spicchi d'aglio, tritati finemente
- 1 cucchiaio di paprika
- ½ cucchiaino di peperoncino piccante
- Sale e pepe nero, a piacere
- 1 lattina di pomodori sottaceto tritato (750 g)

- 6 uova grandi
- 100 g di formaggio di capra

DIREZIONI:

1. Preparare e preriscaldare il forno a 220° F.
2. Versare l'olio d'oliva nella padella appena bolle, aggiungere le verdure a foglia, le cipolle, i jalapeños, i peperoni verdi e l'aglio.
3. Aggiungere la paprika, i pezzetti di peperone rosso, sale e pepe nero a piacere.
4. Aggiungere i pomodori sottaceto tritati, far bollire a fuoco lento fino a quando saranno teneri. Togliere la padella dal fuoco.
5. Fate un piccolo foro nella salsa, e poi rompete un uovo in ogni buco.
6. Mettere la padella in forno e cuocere per circa 5 minuti, finché gli albumi non si induriscono.
7. Cospargere il formaggio di capra prima di servire.

NUTRIZIONE: Calorie: 290g Grassi: 19g Carboidrati: 12g Proteine: 15g

Pane Keto con Zucchine

Tempo di preparazione: 10 minuti

Tempo di cottura: 1 ora

Porzioni: 12 fette

INGREDIENTI:

- 8 uova
- ½ tazza di cocco, burro o ghee
- ½ tazza xilitolo
- 1 cucchiaino di vaniglia
- 1 ½ cucchiaino di cannella macinata
- ½ cucchiaino di noce moscata macinata
- ½ cucchiaino di sale
- ¾ di tazza di farina di cocco setacciata
- 1 cucchiaino di lievito in polvere

- ½ tazza di noci pecan o noci tritate
- ½ tazza di zucchine tritate

DIREZIONI:

1. Mescolare uova, burro o ghee, zucchero, vaniglia, cannella, noce moscata e sale.

2. Impastare la farina di cocco con il lievito in polvere, aggiungere all'impasto attraverso un setaccio e mescolare bene per evitare grumi.

3. Aggiungete le zucchine tritate finemente e non dimenticate le noci.

4. Versare l'impasto in una teglia da pane e cuocere a 175° F per 60 minuti.

NUTRIZIONE: Calorie: 166g Grasso: 15g Carboidrati: 5g Proteine: 6g

Pane di cocco Keto con semi

Tempo di preparazione: 10 minuti

Tempo di cottura: 45 minuti

Dosi: 20

INGREDIENTI:

- 150 g di farina di mandorle / mandorle macinate
- 100 g di farina di cocco
- ½ cucchiaino di bicarbonato di sodio
- Sale marino (circa mezzo cucchiaio)
- 75 g di semi assortiti (ad esempio, semi di papavero, semi di girasole, semi di lino, pinoli)
- 6 uova grandi

- 50g olio di cocco, ghee
- ½ cucchiaio di succo di limone

DIREZIONI:

1. Preriscaldare il forno a 190 ⁰ F.

2. Mettere la farina di mandorle in una grande terrina, rompendo i grumi.

3. Aggiungere la farina di cocco, il lievito in polvere e il bicarbonato di sodio nella stessa ciotola attraverso un setaccio, il sale e i semi, e poi fare una piccola rientranza al centro.

4. Aggiungere le uova, l'olio di cocco, il succo di limone e mescolare bene.

5. Preparare una teglia da pane unta d'olio e versarvi l'impasto.

6. Cuocere il keto di farina di cocco in forno per 40-45 minuti fino a doratura.

7. Lasciate raffreddare il pane in una rastrelliera.

8. Il pane può essere conservato in un contenitore ermetico per un massimo di 3 giorni.

NUTRIZIONE: Calorie: 130g Grassi: 10g Carboidrati: 1.4g Proteine: 5g

Cialde alla farina di cocco

Tempo di preparazione: 5 minuti

Tempo di cottura: 5 minuti

Porzioni: 5

INGREDIENTI:

- 4 cucchiai di farina di cocco
- 5 uova
- 4-5 cucchiai di stevia granulata o zucchero
- 3 cucchiai di latte intero
- 1 cucchiaino di vaniglia
- 4 ½ oz. margarina fusa

DIREZIONI:

1. Sbattere gli albumi in una ciotola.

2. In un'altra ciotola, frullare il tuorlo d'uovo con la farina di cocco e la stevia o lo zucchero.

3. Mettere la margarina ammorbidita. Frullare fino ad ottenere un composto omogeneo.

4. Versare il latte e la vaniglia.

5. Combinare tutta la miscela.

6. Preparare e riscaldare la cialda. Cuocere fino al colore scuro.

NUTRIZIONE: Calorie: 277g Grassi: 22g Carboidrati: 4g Proteine: 8g

Barche per la prima colazione a base di avocado e salmone

Tempo di preparazione: 5 minuti

Tempo di cottura: 10 minuti

Porzioni: 1

INGREDIENTI:

- 1 avocado
- 1 oz. di cheddar di capra croccante
- 2 oz. di salmone affumicato
- 2 cucchiai di succo di limone
- 2 cucchiai di olio d'oliva vergine
- Sale marino

DIREZIONI:

1. Tagliare l'avocado a fette nel mezzo e rimuovere il seme.

2. Miscelare gli ingredienti rimanenti in un processore.

3. Mettere la miscela all'interno dell'avocado.

NUTRIZIONE: Calorie: 570g Grassi: 45g Carboidrati: 5g Proteine: 20g

Hashish di verdure

Tempo di preparazione: 5 minuti

Tempo di cottura: 15 minuti

Porzioni: 1

INGREDIENTI:

- 1 zucchina media
- ¼ di tazza di cipolla bianca
- 2 oz. di pancetta
- 1 cucchiaio di olio di cocco
- Prezzemolo, a scaglie
- 1 uovo
- Sale a piacere

DIREZIONI:

1. Preparare e tagliare la pancetta, la cipolla e le zucchine.
2. Far soffriggere la cipolla a fuoco medio e includere la pancetta.
3. Mescolare e cuocere fino a caramello.
4. Aggiungere le zucchine al piatto e cuocere per 10-15 minuti.
5. Mettete l'hashish su un piatto e mettete il prezzemolo.
6. Ricoprire con l'uovo e servire.

NUTRIZIONE: Calorie: 427g Grassi: 35g Carboidrati: 7g Proteine: 17g

Colazione Tacos

Tempo di preparazione: 10 minuti

Tempo di cottura: 15 minuti

Porzioni: 3

INGREDIENTI:

- 1 tazza di mozzarella cheddar
- 6 uova
- 2 cucchiai di carta da cucina
- 3 porzioni di pancetta
- 1 oz. cheddar
- ½ avocado
- Sale e pepe

DIREZIONI:

1. Cuocere la pancetta fino a quando non sarà soda.

2. Utilizzare la metà della mozzarella per coprire il fondo di una padella antiaderente per 2-3 minuti a fuoco medio, o fino a quando i bordi iniziano a scurirsi.

3. Togliete la mozzarella dalla padella (ora sarà un guscio di taco).

4. Ripetere con il resto del cheddar.

5. Scramble le uova nella margarina. Mescolare il pepe e il sale a piacere.

6. Mettete le uova, l'avocado e la pancetta su un guscio di taco.

NUTRIZIONE: Calorie: 440g Grasso: 36g Carboidrati: 4g Proteine: 26g

PIATTI PRINCIPALI

Braciole di maiale Tangy-Garlicky Pork Chops

Tempo di preparazione: 10 minuti

Tempo di cottura: 15 minuti

Al servizio: 4

INGREDIENTI:

- 1 libbra (454 g) di braciole di maiale disossate tagliate al centro, spesse fino a ¼ di pollice
- Sale marino, per condire
- Pepe nero appena macinato, per condire
- ¼ di tazza di olio d'oliva di buona qualità, diviso
- ¼ di tazza di coriandolo fresco tritato finemente
- 1 cucchiaio di aglio tritato
- Succo di 1 calce

DIREZIONE:

1. Marinare il maiale. Asciugare le braciole di maiale e condirle leggermente con sale e pepe. Metterle in una ciotola capiente, aggiungere 2 cucchiai di olio d'oliva, il coriandolo, l'aglio e il succo di lime. Per rivestire le braciole, gettarle.

Coprire la ciotola e far marinare le costolette a temperatura ambiente per 30 minuti.

2. Cuocere il maiale. In una padella grande a fuoco medio-alto, scaldare i 2 cucchiai di olio d'oliva rimanenti. Aggiungere le braciole di maiale in un unico strato e friggerle, girandole una volta, fino a quando saranno appena cotte e ancora succose, 6-7 minuti per lato.

3. Servire. Dividete le braciole in quattro piatti e servitele immediatamente.

NUTRIZIONE: calorie: 249 grassi: 16g proteine: 25g carboidrati: 2g carboidrati netti: 2g fibre: 0g

Costolette di maiale con salsa greca

Tempo di preparazione: 15 minuti

Tempo di cottura: 15 minuti

Al servizio: 4

INGREDIENTI:

- ¼ di tazza di olio d'oliva di buona qualità, diviso
- 1 cucchiaio di aceto di vino rosso
- 3 cucchiaini di origano fresco tritato, diviso
- 1 cucchiaino di aglio tritato
- 4 (4 once / 113 g) costolette di maiale disossate al centro del lombo tagliate al centro
- ½ tazza di pomodori ciliegini dimezzati
- ½ peperone giallo a dadini
- ½ cetriolo inglese, tritato
- ¼ di cipolla rossa, tritata
- 1 cucchiaio di aceto balsamico
- Sale marino, per condire
- Pepe nero appena macinato, per condire

DIREZIONE:

1. Marinare il maiale. In una ciotola media, mescolate insieme 3 cucchiai di olio d'oliva, l'aceto, 2 cucchiaini di origano e l'aglio. Aggiungere le braciole di maiale nella ciotola, girandole per farle ricoprire con la marinata. Coprire la ciotola e metterla in frigorifero per 30 minuti.

2. 1 cucchiaio di olio d'oliva, i pomodori, il peperone giallo, il cetriolo, la cipolla rossa, l'aceto e il restante 1 cucchiaino di origano. Condire la salsa con sale e pepe. Mettere da parte la ciotola.

3. Grigliare le braciole di maiale. Riscaldare la griglia a fuoco medio-alto. Togliere le braciole di maiale dalla marinata e grigliarle fino a quando non sono appena cotte, 6-8 minuti per lato.

4. Servire. Riposare la carne di maiale per 5 minuti. Dividere la carne di maiale in quattro piatti e servirla con una generosa cucchiaiata di salsa.

NUTRIZIONE: calorie: 277 grassi: 17g proteine: 25g carboidrati: 4g carboidrati netti: 3g fibre: 1g

Polpette di carne di maiale e manzo

Tempo di preparazione: 5 minuti

Tempo di cottura: 13 minuti

Al servizio: 5

INGREDIENTI:

- 1 libbra (454 g) di carne di maiale macinata
- ½ libbra (227 g) di carne macinata
- cipolla, tritata
- spicchi d'aglio, tritati
- 1 cucchiaino di miscela di spezie ungheresi

DIREZIONE:

1. In una terrina, combinare accuratamente tutti gli ingredienti fino a quando non sono ben incorporati. Formare il composto in polpette di carne con le mani oliate. Disporre le polpette su una teglia rivestita di carta stagnola.

2. Cuocere in forno preriscaldato a 395°F (202°C) per 12-14 minuti o fino a quando non sono dorati.

3. Disporre su un bel piatto da portata e servire. Bon appétit!

NUTRIZIONE: calorie: 377 grassi: 24g proteine: 36g carboidrati: 2g carboidrati netti: 2g fibre: 0g

Carne di maiale in umido

Tempo di preparazione: 10 minuti

Tempo di cottura: 1 ora

Al servizio: 5

INGREDIENTI:

- 2 cucchiai di olio d'oliva
- 2 libbre di carne di maiale in umido
- 1 cipolla gialla, tritata
- 1 spicchio d'aglio tritato
- ¼ di bicchiere di sherry secco
- 4 tazze di brodo di ossa di pollo
- 1 tazza di pomodori, purè
- 1 alloro di alloro
- Sale marino e pepe nero macinato, a piacere
- 1 cucchiaio di coriandolo fresco, tritato

DIREZIONE:

1. Riscaldare l'olio d'oliva in una pentola da minestra a fiamma moderata. Cuocere la carne di maiale per circa 5 minuti, mescolando continuamente per garantire una cottura uniforme; riservare.

2. Cuocere la cipolla gialla nelle colature della padella fino a quando non sarà appena tenera e traslucida. Mescolare l'aglio e continuare a soffriggere per altri 30 secondi.

3. Versare una spruzzata di sherry secco per scrostare la padella.

4. Versare il brodo di ossa di pollo e portare ad ebollizione. Mescolare i pomodori e l'alloro. Condire con sale e pepe a piacere. Girare il fuoco a medio-basso e continuare la cottura ancora per 10 minuti.

5. Rimettete la carne di maiale riservata nella pentola, parzialmente coperta, e continuate a cuocere a fuoco lento per altri 45 minuti. Guarnire con coriandolo e servire caldo. Bon appétit!

NUTRIZIONE: calorie: 332 grassi: 15g proteine: 41g carboidrati: 4g carboidrati netti: 3g fibre: 1g

Hamburger di maiale e verdure

Tempo di preparazione: 10 minuti

Tempo di cottura: 5 minuti

Al servizio: 6

INGREDIENTI:

- 2 libbre (907 g) di carne di maiale macinata
- Sale rosa e peperoncino, a piacere
- 1 cucchiaio di olio d'oliva
- 1 cucchiaio di burro
- 1 cipolla bianca, tagliata ad anelli
- 1 cucchiaio di aceto balsamico
- 3 gocce di stevia liquida
- 6 panini hamburger a basso contenuto di carboidrati, dimezzati
- 2 pomodori sodi, tagliati ad anelli

DIREZIONE:

1. Unire la carne di maiale, il sale e il peperoncino in una ciotola e modellare 6 polpettine.
2. Riscaldare l'olio d'oliva in una padella a fuoco medio e friggere le polpette per 4-5 minuti su ogni lato fino a quando non diventano dorate all'esterno. Toglierle su un piatto e farle riposare per 3 minuti.
3. Sciogliere il burro in una padella a fuoco medio, far soffriggere le cipolle per 2 minuti e mescolare con l'aceto

balsamico e la stevia liquida. Cuocere per 30 secondi mescolando una o due volte fino a caramellare. In ogni chignon mettere una polpettina, guarnire con alcuni anelli di cipolla e 2 anelli di pomodoro.

4. Servire gli hamburger con salsa al formaggio cheddar.

NUTRIZIONE: calorie: 315 grassi: 23g proteine: 16g carboidrati: 7g carboidrati netti: 6g fibre: 1g

Carne di maiale al forno e verdure

Tempo di preparazione: 10 minuti

Tempo di cottura: 40 minuti

Al servizio: 4

INGREDIENTI:

- 1 libbra (454 g) di carne di maiale macinata
- 1 cipolla, tritata
- 1 spicchio d'aglio tritato
- ½ fagiolini, tritati
- Sale e pepe nero a piacere
- 1 zucchina, a fette
- ¼ di tazza di panna pesante
- 5 uova
- ½ tazza di formaggio Monterey Jack, grattugiato

DIREZIONE:

1. In una terrina, mescolare cipolla, fagiolini, carne di maiale macinata, aglio, pepe nero e sale. Stendere il composto di carne sul fondo di una piccola teglia da forno unta. Spalmare sopra le fette di zucchine.

2. In una ciotola separata, unire formaggio, uova e panna pesante. Ricoprite con questo composto cremoso e cuocete in forno per 40 minuti a 360°F (182°C), fino a quando i bordi e la parte superiore diventano marroni.

3. Servire immediatamente.

NUTRIZIONE: calorie: 335 grassi: 21g proteine: 28g carboidrati: 4g carboidrati netti: 4g fibre: 0g

Impacchi di lattuga di maiale

Tempo di preparazione: 10 minuti

Tempo di cottura: 14 minuti

Al servizio: 6

INGREDIENTI:

- 2 libbre (907 g) di carne di maiale macinata
- 1 cucchiaio di pasta di zenzero e aglio
- Sale rosa e peperoncino, a piacere
- 1 cucchiaino di burro
- 1 lattuga iceberg a testa fresca
- 2 rametti di cipolla verde, tritati
- 1 peperone rosso, tritato
- ½ cetriolo, tritato finemente

DIREZIONE:

1. Mettere in una casseruola la carne di maiale con zenzero, sale e peperoncino condita in una casseruola. Cuocere per 10
2. minuti a fuoco medio, rompendo eventuali grumi fino a quando la carne non è più rosa.
3. Scolare il liquido e aggiungere il burro, sciogliere e far rosolare la carne per 4 minuti mescolando continuamente. Picchiettare la lattuga con un tovagliolo di carta e in ogni cucchiaio di foglia due o tre cucchiai di carne di maiale, guarnire con cipolle verdi, peperone e cetriolo. Servire con salsa di soia.

NUTRIZIONE: calorie: 311 grassi: 24g proteine: 19g carboidrati: 3g carboidrati netti: 1g fibre: 2g

Costolette di maiale alla griglia

Tempo di preparazione: 10 minuti

Tempo di cottura: 50 minuti

Al servizio: 4

INGREDIENTI:

- 1 cucchiaio di eritritolo
- Sale e pepe nero, a piacere
- 1 cucchiaio di olio d'oliva
- 1 cucchiaino di chipotle in polvere
- 1 cucchiaino di aglio in polvere
- 1 libbra (454 g) di costolette di maiale
- 1 cucchiaio di salsa barbecue senza zucchero + extra per servire

DIREZIONE:

1. Mescolare l'eritritolo, il sale, il pepe, l'olio, il peperoncino e l'aglio in polvere. Spazzolare sui lati carnosi delle costole e avvolgerle nella carta stagnola. Mettere a marinare per 30 minuti.

2. Preriscaldare il forno a 205°C, mettere le costolette avvolte su una teglia da forno e cuocere per 40 minuti. Togliere le costolette e il foglio di alluminio, spennellarle con la salsa barbecue e farle rosolare sotto la griglia per 10 minuti su entrambi i lati. Affettare e servire con salsa barbecue extra e insalata di pomodoro lattuga.

NUTRIZIONE: calorie: 294 grassi: 18g proteine: 28g carboidrati: 3g carboidrati netti: 3g fibre: 0g

Carne di maiale piccante e capperi con olive

Tempo di preparazione: 10 minuti

Tempo di cottura: 9 minuti

Al servizio: 4

INGREDIENTI:

- 4 braciole di maiale
- 1 cucchiaio di olio d'oliva
- 1 spicchio d'aglio tritato
- ¼ di cucchiaio di peperoncino in polvere
- ¼ di cucchiaino di cumino
- Sale e pepe nero, a piacere
- ½ cucchiaino di salsa al peperoncino
- Capperi a ¼ di tazza
- 6 olive nere, a fette

DIREZIONE:

1. Preriscaldare la griglia a fuoco medio. In una terrina, unire olio d'oliva, cumino, sale, salsa di peperoncino, pepe, aglio e peperoncino in polvere. Mettetele nelle braciole di maiale, saltatele e mettetele in frigorifero per 4 ore.

2. Disporre la carne di maiale su una griglia preriscaldata, cuocere per 7 minuti, girare, aggiungere i capperi e cuocere per altri 2 minuti. Disporre nei piatti da portata e cospargere con le olive per servire.

NUTRIZIONE: calorie: 300 grassi: 14g proteine: 40g carboidrati: 2g carboidrati netti: 1g fibre: 1g

Costolette di maiale con pomodori

Tempo di preparazione: 10 minuti

Tempo di cottura: 37 minuti

Al servizio: 4

INGREDIENTI:

- 4 braciole di maiale
- ½ cucchiaio di basilico fresco, tritato
- 1 spicchio d'aglio tritato
- 1 cucchiaio di olio d'oliva
- 7 once (198 g) di pomodori in scatola a cubetti
- ½ cucchiaio di passata di pomodoro
- Sale e pepe nero, a piacere
- ½ peperoncino rosso, tritato finemente

DIREZIONE:

1. Condite la carne di maiale con sale e pepe nero. Mettere un tegame a fuoco medio e l'olio caldo, mettere nelle braciole di maiale, cuocere per 3 minuti, girare e cuocere per altri 3 minuti; togliere in una ciotola. Aggiungere l'aglio e far cuocere per 30 secondi.

2. Mescolare la passata di pomodoro, i pomodori e il peperoncino; portare ad ebollizione e ridurre il calore a medio-basso. Mettere nelle braciole di maiale, coprire il tegame e far bollire il tutto per 30 minuti. Togliere le braciole di maiale nei piatti e cospargerle di origano fresco per servire.

NUTRIZIONE: calorie: 372 grassi: 21g proteine: 40g carboidrati: 3g carboidrati netti: 2g fibre: 1g

---

Bistecche di maiale con salsa chimichurri

Tempo di preparazione: 10 minuti

Tempo di cottura: 5 minuti

Al servizio: 4

INGREDIENTI:

- 1 spicchio d'aglio tritato
- ½ cucchiaino di aceto di vino bianco
- 1 cucchiaio di prezzemolo tritato
- 1 cucchiaio di coriandolo, tritato
- 1 cucchiaio di olio extravergine di oliva
- 16 once (454 g) di lombata di maiale
- Sale e pepe nero per condire
- 1 cucchiaio di olio di sesamo

DIREZIONE:

1. Per fare la salsa: in una ciotola, mescolare il prezzemolo, il coriandolo e l'aglio. Aggiungere l'aceto, l'olio extravergine d'oliva e il sale e amalgamare bene.

2. Preriscaldare una padella per la griglia a fuoco medio. Strofinare la carne di maiale con olio di sesamo e condirla con sale e pepe. Grigliare la carne per 4-5 minuti su ogni lato fino a quando non sarà più rosa al centro. Mettere la carne di maiale su un piatto da portata e cucchiaio di salsa chimichurri, per servire.

NUTRIZIONE: calorie: 326 grassi: 21g proteine: 32g carboidrati: 2g carboidrati netti: 2g fibre: 0g

Costolette di maiale con salsa di more

Tempo di preparazione: 10 minuti

Tempo di cottura: 10 minuti

Servizio 4

INGREDIENTI:

- 1 cucchiaio di olio d'oliva
- 1 libbra (454 g) di braciole di maiale
- Sale e pepe nero a piacere
- 1 tazza di more
- 1 cucchiaio di brodo di pollo
- ½ cucchiaio di foglie di rosmarino, tritate
- 1 cucchiaio di aceto balsamico
- 1 cucchiaino di salsa Worcestershire

DIREZIONE:

1. Mettete le more in una ciotola e schiacciatele con una forchetta fino a farle diventare marmellate. Versare in una casseruola, aggiungere il brodo di pollo e il rosmarino. Portare a ebollizione a fuoco lento per 4 minuti. Mescolare con aceto balsamico e salsa Worcestershire. Far bollire a fuoco lento per 1 minuto.

2. Scaldare l'olio in una padella a fuoco medio, condire la carne di maiale con sale e pepe nero e cuocere per 5 minuti per lato. Mettere nei piatti da portata e il sugo al cucchiaio sopra le braciole di maiale.

NUTRIZIONE: calorie: 302 grassi: 18g proteine: 28g carboidrati: 4g carboidrati netti: 2g fibre: 2g

Medaglioni di maiale con rosmarino

Tempo di preparazione: 10 minuti

Tempo di cottura: 20 minuti

Al servizio: 4

INGREDIENTI:

- 2 cipolle, tritate
- 4 once (113 g) di pancetta, tritata
- ½ tazza di brodo vegetale
- Sale e pepe nero, a piacere
- 1 cucchiaio di rosmarino fresco, tritato
- Medaglioni di maiale da 1 libbra (454 g)

DIREZIONE:

1. Friggere la pancetta in una padella a fuoco medio, fino a quando non diventa croccante, e toglierla in un piatto. Aggiungere le cipolle, il pepe nero e il sale e far cuocere per 5 minuti; mettere nello stesso piatto con la pancetta.

2. Aggiungere la carne di maiale alla padella, farla rosolare per 3 minuti, girare e cuocere per 7 minuti. Mescolare nel brodo e cuocere per 2 minuti. Rimettere in padella pancetta e cipolle e far cuocere per 1 minuto. Guarnire con rosmarino.

NUTRIZIONE: calorie: 258 grassi: 15g proteine: 23g carboidrati: 8 carboidrati netti: 6g fibre: 2g

Carne di maiale in umido e verdure

Tempo di preparazione: 15 minuti

Tempo di cottura: 30 minuti

Al servizio: 4

INGREDIENTI:

- 1 cucchiaio di olio d'oliva
- 1 peperone rosso, tritato
- 1 libbra (454 g) di carne di maiale in umido, a cubetti
- Sale e pepe nero, a piacere
- 2 tazze di cavolfiore a fiori di cavolfiore
- 2 tazze di fiori di broccoli
- 1 cipolla, tritata
- 14 once (397 g) di pomodori in scatola a dadini
- ¼ di cucchiaino d'aglio in polvere
- 1 cucchiaio di passata di pomodoro
- 1½ tazze e mezzo di acqua
- 1 cucchiaio di prezzemolo tritato

DIREZIONE:

1. In una padella, scaldare l'olio d'oliva e cuocere la carne di maiale a fuoco medio per 5 minuti, fino a farla dorare.

2. Mettere il peperone, la cipolla e la cipolla e far cuocere per 4 minuti. Mescolare l'acqua, i pomodori, i broccoli, il cavolfiore, la passata di pomodoro e l'aglio in polvere; portare a bollore e cuocere per 20 minuti coperti. Regolare il condimento e servire cosparso di prezzemolo.

NUTRIZIONE: calorie: 299 grassi: 13g proteine: 35g carboidrati: 10g carboidrati netti: 6g fibre: 4g

CONTORNI

Carota al forno con pancetta

Tempo di preparazione: 10 minuti

Tempo di cottura: 35 minuti

Porzioni: 4

INGREDIENTI:

- 1½ libbra e mezzo di carota, pelata
- 12 fette di pancetta
- 1 cucchiaio di pepe nero
- 1/3 tazza di sciroppo d'acero
- 1 pizzico di prezzemolo

DIREZIONE:

1. Preriscaldare il forno a 400°F.
2. Avvolgete le fette di pancetta intorno alle carote dall'alto verso il basso, aggiungete il pepe nero, cospargete con lo sciroppo d'acero e cuocete in forno per 23 minuti.
3. Servire e guarnire con prezzemolo.

NUTRIZIONE: 105 calorie 9g di grassi 3g di proteine

Insalata greca standard

Tempo di preparazione: 15 minuti

Tempo di cottura: 0 minuti

Porzioni: 4

INGREDIENTI:

- 1 pomodoro grande, tagliato a cubetti
- 1 cetriolo, affettato a mezzaluna
- 1/3 Coppa kalamata olive, dimezzata
- ½ cipolla bianca, affettata
- ¾ di tazza di feta, sbriciolata
- 2 cucchiai di aceto di vino rosso
- 2 cucchiai di succo di limone
- 1 cucchiaino di origano, essiccato
- Sale e pepe, a piacere
- ¼ di tazza di olio extravergine di oliva

DIREZIONE

1. In una ciotola, mescolare pomodori, cetrioli, olive e cipolla. Mescolare e guarnire il tutto con la feta.

2. In una ciotola diversa, mescolare il succo di limone, l'aceto, l'origano, il sale, il pepe e l'olio d'oliva. Sbattere delicatamente.

3. Cospargere l'insalata con il condimento.

NUTRIZIONE: 7g Carboidrati 20g Grassi 5g Proteine

Funghi cremosi con aglio e timo

Tempo di preparazione: 5 minuti

Tempo di cottura: 15 minuti

Porzioni: 4

INGREDIENTI:

- 4 cucchiai di burro non salato
- ½ tazza di cipolla, tritata
- Funghi a bottone da 1 libbra
- 2 cucchiai di aglio, tagliato a dadini
- 1 cucchiaio di timo fresco
- 1 cucchiaio di prezzemolo tritato
- ½ cucchiaino di sale
- ¼ di cucchiaino di pepe nero

DIREZIONE:

1. Sciogliere il burro in una padella. Mettere i funghi nella padella. Salare e pepare. Cuocere il composto di funghi per circa 5 minuti fino a quando non sono rosolati da entrambi i lati.

2. Aggiungere l'aglio e il timo. Inoltre, fate soffriggere i funghi per 1-2 minuti. Aggiungere il prezzemolo.

NUTRIZIONE: 8g di grassi 3g di proteine 99g di calorie

Broccoli arrostiti facili

Tempo di preparazione: 2 minuti

Tempo di cottura: 19 minuti

Porzioni: 4

INGREDIENTI:

- Broccoli congelati da 1 libbra, tagliati in cimette
- 3 cucchiai di olio d'oliva
- Sale marino, a piacere

DIREZIONE:

1. Mettere le cimette di broccoli su una teglia unta d'olio e metterla in forno (preriscaldata a 400°F) Cospargere l'olio d'oliva sulle cimette.

2. Cuocere per 12 minuti. Sbattere bene e cuocere per altri 7 minuti.

NUTRIZIONE: 3g Grassi 3g Proteine 58 Calorie

Cavolo arrosto con pancetta

Tempo di preparazione: 10 minuti

Tempo di cottura: 40 minuti

Porzioni: 4

INGREDIENTI:

- ½ testa di cavolo, tagliata in quarti
- 8 fette di pancetta, tagliate a pezzi spessi
- ¼ di tazza di parmigiano, grattugiato
- 1 cucchiaino di aglio in polvere
- Sale e pepe, a piacere
- 1 pizzico di prezzemolo tritato

DIREZIONE:

1. Cospargere leggermente le zeppe di cavolo con la polvere di aglio e il parmigiano. Avvolgere 2 pezzi di pancetta intorno ad ogni spicchio di cavolo.

2. Mettete i vostri cunei di cavolo avvolti sulla teglia da forno e metteteli in forno preriscaldato a 350°F. Cuocere per 35-40 minuti. Ricoprire con prezzemolo.

NUTRIZIONE: 19g di grassi 9g di proteine 236 calorie

Spuntino di ravanello al forno

Tempo di preparazione: 8 minuti

Tempo di cottura: 22 minuti

Dosi: 2

INGREDIENTI:

- 8 oz. di ravanelli rossi, lavati e rifilati
- 2 cucchiai di olio d'oliva
- 2 cucchiai di burro non salato
- 1 spicchio d'aglio, tagliato a dadini
- 1 cucchiaino di succo di limone
- ¼ di cucchiaino di origano, essiccato
- Sale e pepe, a piacere
- 1 pizzico di prezzemolo

DIREZIONE

1. Mettere i ravanelli tagliati a metà o quartati in una ciotola separata. Spruzzare l'olio d'oliva e aggiungere l'origano. Mescolare delicatamente.

2. Mettere il ravanello sulla teglia e metterlo in forno (preriscaldato a 450°F).

3. Cuocere in forno per 18-22 minuti. Mescolare occasionalmente.

4. Sciogliere il burro in una casseruola, aggiungere l'aglio e far cuocere per circa 3-5 minuti.

5. Togliete i ravanelli arrostiti dal forno, cospargeteli di succo di limone e ricopriteli con la miscela di burro.

NUTRIZIONE: 17g di grassi 1g di proteine 164 calorie

Asparagi lessati con limone a fette

Tempo di preparazione: 5 minuti

Tempo di cottura: 7 minuti

Porzioni: 1

INGREDIENTI:

- 10 grandi fagioli asparagi
- 3 cucchiai di olio di avocado
- ¼ cucchiaino di succo di limone
- 2-3 pezzi limone
- ¼ di tazza d'acqua
- ½ cucchiaino di sale

DIREZIONI:

1. Mettere gli asparagi in una pentola d'acqua. Far bollire per circa 5-7 minuti.
2. Togliere gli asparagi dalla pentola. Cospargere con succo di limone, olio di avocado e sale. Servire con i pezzi di limone.

NUTRIZIONE: 3g di grassi 4,7g di proteine 447 calorie

Uova ripiene con ripieno di pancetta-vocado

Tempo di preparazione: 10 minuti

Tempo di cottura: 10 minuti

Porzioni: 1

INGREDIENTI:

- 2 uova, bollite e dimezzate
- 1 cucchiaio di maionese
- ¼ cucchiaino di senape
- 1/8 di limone, spremuto
- ¼ di cucchiaino di aglio in polvere
- 1/8 cucchiaino di sale
- 1/8 cucchiaino di paprika affumicata
- ¼ avocado
- 16 piccoli pezzi di pancetta

DIREZIONE:

1. Friggere la pancetta per 3 minuti in una padella. Aggiungere l'avocado e friggere per altri 3 minuti (calore inferiore).
2. Unire la maionese, la senape, il limone, l'aglio in polvere e il sale in una ciotola a parte. Mescolare bene.
3. Tirate fuori il tuorlo dalle uova dimezzate e riempite le metà delle uova con il composto di maionese. Aggiungere il ripieno di pancetta-avocado.

NUTRIZIONE: 30g di grassi 16g di proteine 342 calorie

Patatine alle zucchine piccanti

Tempo di preparazione: 5 minuti

Tempo di cottura: 5 minuti

Porzioni: 4

INGREDIENTI:

- 1 zucchina grande, tagliata finemente
- 1 cucchiaino di condimento per taco
- Olio di cocco, per friggere
- Sale a piacere

DIREZIONE:

1. Bagnare le fette di zucchine e cospargerle di sale. Lasciare riposare per 5 minuti.
2. Mettere le zucchine a fette in padella e friggere per 1-3 minuti su ogni lato.
3. Aggiungete le fette fritte con il condimento per taco e godetevi il vostro spuntino.

NUTRIZIONE: 6,12g di grassi 0,2g di proteine 164 calorie

Insalata di cetrioli con pomodori e feta

Tempo di preparazione: 15 minuti

Tempo di cottura: 0 minuti

Porzioni: 4

INGREDIENTI:

- 2 cetrioli
- 6 pomodori
- ¾ di tazza di formaggio feta
- ½ cipolla bianca
- 1 spicchio d'aglio tritato
- 2 cucchiai di succo di lime
- 2 cucchiai di prezzemolo tritato
- 2 Tbsp aneto, tritato
- 3 cucchiai di olio d'oliva
- 3 cucchiai di aceto di vino rosso
- Sale e pepe nero, a piacere

DIREZIONE:

1. Unire tutti gli ingredienti in una ciotola.
2. Mescolare accuratamente e servire.

NUTRIZIONE: 10g di grassi 3g di proteine 125 calorie

Muffin di zucca

Tempo di preparazione: 10 minuti

Tempo di cottura: 15 minuti

Porzioni: 18

INGREDIENTI

- ¼ di tazza di burro di semi di girasole
- ¾ tazza di purea di zucca
- 2 cucchiai di farina di semi di lino
- ¼ di tazza di farina di cocco
- ½ tazza di eritritolo
- ½ cucchiaino di noce moscata, macinato
- 1 cucchiaino di cannella, macinato
- ½ cucchiaino di bicarbonato di sodio
- 1 uovo
- ½ cucchiaino di lievito in polvere
- Un pizzico di sale

DIREZIONI

1. In una ciotola, fate il burro di flagello con la purea di zucca e l'uovo e frullate bene. Mescolare bene la farina di semi di lino, la farina di cocco, l'eritritolo, il bicarbonato di sodio, il lievito in polvere, la noce moscata, la cannella e un pizzico di sale e mescolare bene.

2. Mettere in un tegame per muffin unto, mettere in forno a 350 gradi e cuocere per 15 minuti. Lasciare raffreddare e servire!

NUTRIZIONE: 65 Calorie 2,82g Proteine 5,42g Grassi

Uova marinate

Tempo di preparazione: 87 minuti

Tempo di cottura: 7 minuti

Porzioni: 4

INGREDIENTI

- 6 uova
- 1 e ¼ di tazza d'acqua
- ¼ di tazza di aceto di riso non zuccherato
- 2 cucchiai di aminoacidi di cocco
- Sale e pepe nero a piacere
- 2 spicchi d'aglio, tritati
- 1 cucchiaino di stevia
- 4 once di formaggio cremoso
- 1 cucchiaio di erba cipollina, tritata

DIREZIONI

1. Mettere le uova in una pentola, aggiungere acqua a copertura, portare ad ebollizione a fuoco medio, coprire e cuocere per 7 minuti. Mettere a bagno le uova con acqua fredda e lasciarle da parte per farle raffreddare. In una ciotola, mescolare 1 tazza di acqua con amminoacidi di cocco, aceto, stevia e aglio e sbattere bene.

2. Riempite le uova in questa miscela, copritele con un asciugamano da cucina e lasciatele da parte per 2 ore

ruotando di tanto in tanto. Sbucciate le uova, affettatele in 2 e mettete i tuorli in una ciotola. Mescolare in ¼ di tazza di acqua, crema di formaggio, sale, pepe ed erba cipollina.

3. Mettere gli albumi con questa miscela e servirli. Buon appetito!

NUTRIZIONE: 289 Calorie 15,86g Proteine 22,6g Grassi

Salsiccia e salsa al formaggio

Tempo di preparazione: 10 minuti

Tempo di cottura: 80 minuti

Dosi: 28

INGREDIENTI

- 8 once di formaggio cremoso
- Un pizzico di sale e pepe nero
- 16 once di panna acida
- 8 once di formaggio al peperoncino, tritato
- 15 once di pomodori in scatola mescolati con habaneros
- Salsiccia italiana da un chilo, macinata
- ¼ di tazza di cipolle verdi, tritate

DIREZIONI

1. Preriscaldare la padella a fuoco medio, aggiungere la salsiccia, mescolare e cuocere fino a farla dorare. Cuocere i pomodori per altri 4 minuti.

2. Cospargere di sale, pepe e cipolle verdi, mescolare e cuocere per 4 minuti. Spalmate il formaggio "pepper jack" sul fondo della vostra pentola lenta.

3. Mescolare in crema di formaggio, salsiccia e panna acida, coprire e cuocere su High per 2 ore. Scoprite il vostro

fornello lento, mescolate la salsa, trasferitela in una ciotola e servite. Buon appetito!

NUTRIZIONE: 132 Calorie 6,79g Proteine 9,58g Grassi

Gustosa salsa di cipolla e cavolfiore

Tempo di preparazione: 60 minuti

Tempo di cottura: 30 minuti

Dosi: 24

INGREDIENTI

- 1 tazza e ½ di brodo di pollo
- 1 testa di cavolfiore, cimette separate
- ¼ di tazza di maionese
- ½ tazza di cipolla gialla, tritata
- ¾ di tazza di formaggio cremoso
- ½ cucchiaino di peperoncino in polvere
- ½ cucchiaino di cumino, macinato
- ½ cucchiaino d'aglio in polvere
- Sale e pepe nero a piacere

DIREZIONI

1. Riempire il brodo in una pentola, aggiungere cavolfiore e cipolla, scaldare a fuoco medio e far cuocere per 30 minuti. Aggiungere il peperoncino in polvere, sale, pepe, cumino e aglio in polvere e mescolare.

2. Mescolare la crema di formaggio e mescolare un po' fino a quando non si scioglie. Frullare con un frullatore a immersione e mescolare con la maionese. Raffreddare per 2 ore prima di servirlo. Buon appetito!

NUTRIZIONE: 40 Calorie 1,23g Proteine 3,31g Grassi

Cracker al pesto

Tempo di preparazione: 10 minuti

Tempo di cottura: 17 minuti

Porzioni: 6

INGREDIENTI

- ½ cucchiaino di lievito in polvere
- Sale e pepe nero a piacere
- 1 e ¼ di tazza di farina di mandorle
- ¼ di cucchiaino di basilico, essiccato
- 1 spicchio d'aglio tritato
- 2 cucchiai di pesto di basilico
- Un pizzico di pepe di Caienna
- 3 cucchiai di ghee

DIREZIONI

1. Incorporare sale, pepe, lievito in polvere e farina di mandorle. Sbattere l'aglio, la cayenna e il basilico e poi il pesto.
2. Mescolare in ghee e mescolare l'impasto con il dito. Stendere la pasta su una teglia foderata, introdurre in forno a 325 gradi Fahrenheit e cuocere per 17 minuti.
3. Mettete da parte per raffreddare, affettate i cracker e serviteli come spuntino. Buon appetito!

NUTRIZIONE: 9 Calorie 0.41g Proteine 0.14g Grassi

SEAFOOD

Tilapia Taco Bowl di cavolo rosso

Tempo di preparazione: 10 minuti

Tempo di cottura: 15 minuti

Porzioni: 6

INGREDIENTI

- 2 tazze di riso cauli
- 2 tsp ghee
- 4 filetti di tilapia, tagliati a cubetti
- ¼ cucchiaino di taco condimento
- Sale e peperoncino a piacere
- ¼ di testa di cavolo rosso, tritato
- 1 avocado maturo, snocciolato e tritato

DIREZIONI

1. Cospargere il riso cauli in una ciotola con un po' d'acqua e microonde per 3 minuti. Dopo spolverare con una forchetta e mettere da parte.

2. Sciogliere il ghee in una padella a fuoco medio, strofinare la tilapia con il condimento per taco, sale e peperoncino, e friggere fino a farla rosolare su tutti i lati, per circa 8 minuti in totale.

3. Trasferire su un piatto e mettere da parte. In 4 ciotole da portata, dividere il riso cauli, il cavolo, il pesce e l'avocado. Servire con salsa di panna acida al limone.

NUTRIZIONE: Calorie 441 Grassi totali: 12,7g Carboidrati: 71,5g Zuccheri: 2,7g Proteine: 10,4g

Ippoglosso al forno

Tempo di preparazione: 20 minuti

Tempo di cottura: 15 minuti

Porzioni: 4

INGREDIENTI:

- ½ tazza di crema pesante (da montare)
- ½ tazza di noci pecan finemente tritate
- ¼ di tazza di mandorle tritate finemente
- 4 filetti di ippoglosso disossato
- Sale marino
- Pepe nero appena macinato
- 2 cucchiai di olio extravergine di oliva

DIREZIONI:

1. Preriscaldare il forno a 400°F. Rivestire una teglia con pergamena.

2. Versate la crema pesante in una ciotola e mettetela sul piano di lavoro.

3. In un'altra ciotola, mescolate insieme le noci pecan e le mandorle e mettete accanto alla crema.

4. Asciugare i filetti di halibut con carta assorbente e condirli leggermente con sale e pepe.

5. Immergere i filetti nella panna, scuotendo l'eccesso; poi dragare il pesce nella miscela di noci in modo che entrambi i lati di ogni pezzo siano spessi.

6. Mettere il pesce sulla teglia preparata e spennellare generosamente entrambi i lati dei pezzi con olio d'oliva.

7. Cuocere il pesce al forno fino a quando il condimento è dorato e il pesce si sfalda facilmente con una forchetta, 12-15 minuti. Servire.

8. Andare avanti: I filetti di pesce "impanati" possono essere messi completamente insieme e poi congelati su una teglia da forno. Trasferire i singoli filetti in sacchetti di plastica e congelare fino a 1 mese. Cuocere i filetti congelati, spennellati leggermente con olio d'oliva, in forno a 350°F per circa 35 minuti.

NUTRIZIONE: Calorie 212 Grassi totali: 6,6g Carboidrati: 34,9g Zuccheri: 12,2g Proteine: 8,9g

Salmone alla crema acida con parmigiano

Tempo di preparazione: 10 minuti

Tempo di cottura: 20 minuti

Porzioni: 6

INGREDIENTI

- 1 tazza di panna acida
- ½ cucchiaio di aneto tritato
- ½ limone, zenzerato e succhiato
- Sale rosa e pepe nero per condire
- 4 bistecche di salmone
- ½ tazza di parmigiano grattugiato

DIREZIONI

1. Preriscaldare il forno a 400°F e foderare una teglia con carta pergamena; mettere da parte. In una ciotola, mescolare la panna acida, l'aneto, la scorza di limone, il succo, il sale e il pepe nero e mettere da parte.

2. Condite il pesce con sale e pepe nero, spruzzate il succo di limone su entrambi i lati del pesce e sistematelo nella teglia da forno. Distribuire il composto di panna acida su ogni pesce e cospargere con parmigiano.

3. Cuocere il pesce al forno per 15 minuti e dopo averlo arrostito per 2 minuti con un orologio ravvicinato per un bel colore marrone. Piattare il pesce e servire con fagiolini burrosi.

NUTRIZIONE: Calorie 251 Grassi 6,2g Carboidrati 44,1g Proteine 4,2g Zuccheri 3g

Rotoli di gamberi Sushi

Tempo di preparazione: 10 minuti

Tempo di cottura: 20 minuti

Porzioni: 6

INGREDIENTI

- 2 tazze di gamberi cotti e tritati
- 1 cucchiaio di salsa sriracha
- ¼ di cetriolo, julienned
- 5 rotoli di fogli nori a mano
- ¼ di tazza di maionese

DIREZIONI

1. Unire in una ciotola gamberi, maionese, cetrioli e salsa sriracha. Stendere un unico foglio nori su una superficie piana e spalmare circa 1/5 del composto di gamberi.
2. Arrotolare il foglio nori come desiderato.
3. Ripetere con gli altri ingredienti. Servire con salsa di soia senza zucchero.

NUTRIZIONE: 233 Calorie - 3,3g di grassi - 45,8g di carboidrati - 5,8g di proteine - 8,7g di zuccheri

Gamberi alla griglia con salsa al Chimichurri

Tempo di preparazione: 10 minuti

Tempo di cottura: 20 minuti

Porzioni: 6

INGREDIENTI

- Gamberetti da un chilo, pelati e sbucciati
- 2 cucchiai di olio d'oliva
- Succo di 1 calce
- Chimichurri
- ½ cucchiaino di sale

- ¼ di tazza di olio d'oliva
- 2 spicchi d'aglio
- ¼ di tazza di cipolle rosse, tritate
- ¼ di tazza di aceto di vino rosso
- ½ cucchiaino di pepe
- 2 tazze di prezzemolo
- ¼ di cucchiaino di fiocchi di pepe rosso

DIREZIONI

1. Lavorare gli ingredienti chimichurri in un frullatore fino a quando non sono lisci; mettere da parte.
2. Unite in una ciotola i gamberi, l'olio d'oliva e il succo di lime e lasciate marinare in frigorifero per 30 minuti.
3. Preriscaldare la griglia a medio. Aggiungere i gamberi e cuocere circa 2 minuti per lato. Servire i gamberi conditi con la salsa chimichurri.

NUTRIZIONE: Calorie 194 Grassi 5,4g Carboidrati 29,9g Proteine 8g Zuccheri 5,1g

Polpettine di granchio al cocco

Tempo di preparazione: 10 minuti

Tempo di cottura: 50 minuti

Porzioni: 6

INGREDIENTI

- 2 cucchiai di olio di cocco
- 1 cucchiaio di succo di limone
- 1 tazza di polpa di granchio
- 2 cucchiai di senape di Digione
- 1 uovo, sbattuto
- 1 cucchiaio e mezzo di farina di cocco

DIREZIONI

1. In una terrina aggiungere alla polpa di granchio tutti gli ingredienti, tranne l'olio; mescolare bene per amalgamare.
2. Fare polpettine dalla miscela. Sciogliere l'olio di cocco in una padella a fuoco medio. Aggiungere le polpette di granchio e cuocere per circa 2-3 minuti per lato.

NUTRIZIONE: Calorie 277 - Grassi 26,2g - Carboidrati 9g - Zucchero 4g - Proteine 7,5g - Colesterolo 31mg

Gamberetti in salsa al curry

Tempo di preparazione: 10 minuti

Tempo di cottura: 20 minuti

Porzioni: 6

INGREDIENTI

- ½ oncia di parmigiano grattugiato
- 1 uovo, sbattuto
- ¼ cucchiaino di curry in polvere
- 2 cucchiai di farina di mandorle
- 12 gamberetti, sgusciati
- 3 cucchiai di olio di cocco
- Salsa
- 2 cucchiai di foglie di curry
- 2 cucchiai di burro
- ½ cipolla, tagliata a dadini
- ½ tazza di panna pesante
- ½ oncia di formaggio cheddar, tritato

DIREZIONI

1. Combinare tutti gli ingredienti secchi per la pastella.
2. Sciogliere l'olio di cocco in una padella a fuoco medio. Immergere i gamberi prima nell'uovo e poi ricoprirli con il composto secco. Friggere fino a doratura e croccante.
3. In un'altra padella, sciogliere il burro.
4. Aggiungere la cipolla e cuocere per 3 minuti.

5. Aggiungere le foglie di curry e cuocere per 30 secondi. Mescolare la panna pesante e il cheddar e cuocere fino a quando non si è addensato.
6. Aggiungere i gamberi e ricoprire bene.
7. Servire.

NUTRIZIONE: Calorie 190 Grassi 16,3 g Carboidrati 2,3 g Zucchero 0,2 g Proteine 8,7 g Colesterolo 52 mg

Tilapia con olive e salsa di pomodoro

Tempo di preparazione: 10 minuti

Tempo di cottura: 50 minuti

Porzioni: 6

INGREDIENTI

- 4 filetti di tilapia
- 2 spicchi d'aglio, tritati
- 2 cucchiai di origano
- 14 once di pomodori tagliati a dadini
- 1 cucchiaio di olio d'oliva
- ½ cipolla rossa, tritata
- 2 cucchiai di prezzemolo
- ¼ di tazza di olive kalamata

DIREZIONI

1. Scaldare l'olio d'oliva in una padella a fuoco medio e cuocere la cipolla per 3 minuti.

2. Aggiungere aglio e origano e cuocere per 30 secondi. Mescolare i pomodori e portare il composto ad ebollizione. Ridurre il fuoco e far cuocere a fuoco lento per 5 minuti.

3. Aggiungere olive e tilapia e far cuocere per circa 8 minuti.

4. Servire la tilapia con salsa di pomodoro.

NUTRIZIONE: Calorie 66 Grassi 3,3 g Carboidrati 9,9 g Zucchero 5,1 g Proteine 0,8 g Colesterolo 9 mg

Funghi ripieni

Tempo di preparazione: 15 minuti

Tempo di cottura: 45 minuti

Porzioni: 4

INGREDIENTI

- 6 once di vongole
- 1 cucchiaio di burro, ammorbidito
- 1 cucchiaio di scalogno, tritato finemente
- ½ cucchiaino d'aglio tritato
- 1 cucchiaino di origano essiccato
- 1/8 di cucchiaino di sale all'aglio

- ½ tazza di cotenna di maiale italiano
- 1 uovo, sbattuto
- ¼ di tazza più 2 cucchiai di mozzarella, grattugiata e divisa
- 2 cucchiai di parmigiano reggiano grattugiato
- 1 cucchiaio di formaggio Romano, grattugiato
- ¼ di tazza di burro, fuso
- 8 funghi, steli rimossi
- 2 cucchiai di prezzemolo fresco tritato

DIREZIONE:

1. Preriscaldare il forno a 350°F.
2. Ungere una teglia da forno.
3. Scolare le vongole, riservando il liquido in una ciotola.
4. In una ciotola aggiungere le vongole, il burro ammorbidito, lo scalogno, l'aglio, l'origano e il sale all'aglio e mescolare bene.
5. Aggiungere il succo di vongola riservato, la cotenna di maiale e l'uovo, e mescolare fino ad ottenere una buona combinazione.
6. Aggiungere 2 cucchiai di mozzarella, parmigiano e formaggio Romano e mescolare bene.
7. Disporre i funghi su un piatto d'argento e riempire la cavità di ciascuno con una miscela di vongole.
8. Disporre i funghi nella teglia preparata e irrorare con burro fuso.
9. Cuocere in forno per circa 35-40 minuti.
10. Togliere dal forno e cospargere i funghi con la mozzarella rimasta.

---

11. Cuocere in forno per circa 5 minuti o fino a quando il formaggio non è appena leggermente fuso.

12. Guarnire con prezzemolo e servire.

NUTRIZIONE: Calorie 331 Carboidrati netti 7 g Grassi totali 25,6 g Grassi saturi 15,1 g Colesterolo 111 mg Sodio 644 mg Carboidrati totali 8 g Fibra 1 g Zucchero 2,2 g Proteine 19,2 g

Broccoli Tots

Tempo di preparazione: 15 minuti

Tempo di cottura: 35 minuti

Porzioni: 12

INGREDIENTI

- 1 (16 once) confezione da 1 (16 once) broccoli a pezzetti congelati
- 3 grandi uova biologiche
- ½ cucchiaino di origano essiccato
- ½ cucchiaino d'aglio in polvere
- 1/8 cucchiaini di pepe di cayenna
- 1/8 cucchiaini di fiocchi di pepe rosso, schiacciati
- Sale e pepe bianco appena macinato, a piacere

- 1 tazza di formaggio cheddar piccante grattugiato
- 1 tazza di farina di mandorle
- Olio d'oliva spray da cucina

DIREZIONE:

1. Preriscaldare il forno a 400°F.
2. Rivestire due teglie da forno con carta pergamena leggermente unta.
3. In una ciotola sicura per il microonde, mettere i broccoli e il microonde, coperti per circa 5 minuti, mescolando una volta a metà.
4. Scolate bene i broccoli.
5. In una ciotola capiente mettete le uova, l'origano, l'aglio in polvere, il pepe di Caienna, i fiocchi di pepe rosso, il sale e il pepe bianco, e sbattete fino a quando non saranno ben amalgamati.
6. Aggiungere i broccoli cotti, il formaggio cheddar e la farina di mandorle e mescolare fino ad ottenere un composto omogeneo.
7. Con le mani leggermente bagnate, ricavare dalla miscela 24 polpettine di uguali dimensioni.
8. Disporre le polpette su teglie preparate in un unico strato a circa 5 cm di distanza l'una dall'altra.
9. Spruzzare leggermente ogni polpettina con lo spray da cucina.
10. Cuocere in forno per circa 15 minuti per lato o fino al marrone dorato da entrambi i lati.
11. Togliere dal forno e servire caldo.

NUTRIZIONE: Calorie 165 Carboidrati netti 2,6 g Grassi totali 7,5 g Grassi saturi 0,8 g Colesterolo 47 mg

Sodio 42 mg Carboidrati totali 4,9 g Fibra 2,3 g Zucchero 1,2 g

Proteine 3,2 g

Anelli di cipolla

Tempo di preparazione: 15 minuti

Tempo di cottura: 15 minuti

Dosi: 2

INGREDIENTI

- 1 cipolla media, tagliata in anelli di ½ pollice di spessore
- ½ tazza di farina di cocco
- 1 cucchiaio di panna da montare pesante
- 2 grandi uova biologiche
- ½ tazza di parmigiano, grattugiato
- 2 once di cotenne di maiale, schiacciate

DIREZIONE:

1. Preriscaldare il forno a 425°F.

2. Disporre una rastrelliera ingrassata su una grande teglia da forno.

3. Rompere gli anelli di cipolla e scartare all'interno dei pezzi.

4. In una ciotola poco profonda, mettere la farina di cocco.

5. In una seconda ciotola poco profonda, aggiungere la panna pesante e l'uovo e sbattere fino a quando non sono ben combinati.

6. In una terza ciotola poco profonda, mescolare insieme parmigiano e cotenne di maiale.

7. Rivestire gli anelli di cipolla con la farina di cocco, poi immergerli nell'impasto dell'uovo e, infine, ricoprirli con il composto di formaggio.

8. Ripetere la procedura di rivestimento una volta.

9. Disporre gli anelli di cipolla rivestiti su una cremagliera preparata in un unico strato.

10. Cuocere in forno per circa 15 minuti.

11. Servire caldo.

NUTRIZIONE: Calorie 368 Carboidrati netti 5,3 g Grassi totali 23,2 g Grassi saturi 10,2 g Colesterolo 253 mg Sodio 801 mg Carboidrati totali 7,7 g Fibre 2,4 g Zucchero 3 g Proteine 33,8 g

Crocchette di tonno

Tempo di preparazione: 15 minuti

Tempo di cottura: 16 minuti

Porzioni: 4

INGREDIENTI

- 24 once di tonno bianco in scatola, sgocciolato
- ¼ di tazza di maionese
- 4 grandi uova biologiche
- 2 cucchiai di cipolla gialla, tritata finemente
- 1 scalogno, tagliato sottile
- 4 spicchi d'aglio tritati
- ¾ di tazza di farina di mandorle
- Sale e pepe nero appena macinato, a piacere
- ¼ di tazza di olio d'oliva

DIREZIONE:

1. In una ciotola capiente, mettere il tonno, la maionese, le uova, la cipolla, lo scalogno, l'aglio, la farina di mandorle, il sale e il pepe nero e mescolare fino ad ottenere un composto omogeneo.
2. Dalla miscela ricavare 8 polpettine di forma oblunga di uguali dimensioni.
3. In una padella grande, scaldare l'olio d'oliva a fuoco medio-alto e friggere le crocchette in 2 lotti per circa 2-4 minuti per lato.
4. Con un cucchiaio a fessura, trasferire le crocchette su un piatto foderato di carta assorbente per farle scolare completamente.
5. Servire caldo.

NUTRIZIONE: Calorie 492 Carboidrati netti 6 g Grassi totali 30,2 g Grassi saturi 5,6 g Colesterolo 261 mg Sodio 585 mg Carboidrati totali 6,8 g Fibre 0,8 g Zucchero 1,9 g Proteine 48,1 g

Ali di pollo al parmigiano

Tempo di preparazione: 15 minuti

Tempo di cottura: 30 minuti

Porzioni: 8

INGREDIENTI

- 3 libbre di ali di pollo all'erba
- 1½ cucchiaio e mezzo di lievito in polvere organico
- Sale e pepe nero macinato, a piacere
- ¼ di tazza di burro salato
- 4 spicchi d'aglio tritati
- 2 cucchiaini di prezzemolo essiccato a scaglie
- ½ cucchiaino di fiocchi di pepe rosso, schiacciati
- ½ tazza di parmigiano, grattugiato
- 2 cucchiai di prezzemolo fresco tritato

DIREZIONE:

1. Preriscaldare il forno a 250°F.
2. Disporre una rastrelliera nel terzo inferiore del forno.
3. Posizionare una rastrelliera ingrassata su una teglia da forno rivestita di carta stagnola.
4. In una ciotola, aggiungere le ali, il lievito in polvere, il sale e il pepe nero e mescolare bene.
5. Disporre le ali sopra la rastrelliera preparata in una teglia da forno in un unico strato.
6. Cuocere in forno per circa 30 minuti.
7. Togliere le ali di pollo dal forno e trasferirle in una grande ciotola.
8. In una piccola padella sciogliere il burro a fuoco medio e far soffriggere l'aglio, il prezzemolo secco e i fiocchi di pepe rosso per circa 20-30 secondi.
9. Togliere dal fuoco e versare immediatamente sopra le ali di pollo.
10. Cospargere con parmigiano e mescolare per rivestire bene.
11. Guarnire con prezzemolo fresco e servire subito.

NUTRIZIONE: Calorie 397 Carboidrati netti 1,8 g Grassi totali 16,9 g Grassi saturi 7,7 g Colesterolo 171 mg

Sodio 253 mg Carboidrati totali 1,9 g Fibra 0,1 g Zucchero 0 g

Proteine 51,4 g

DESSERTS

Yogurt gelato al mirtillo

Tempo di preparazione: 15 minuti

Tempo di cottura: 30 minuti

Porzioni: 4

INGREDIENTI:

- 1 pinta di mirtilli, freschi
- 2/3 tazza di miele
- Un piccolo limone, succhiato e zuccherato
- 2 tazze di yogurt, fresco

DIREZIONI:

1. In una casseruola, unire i mirtilli, il miele, il succo di limone e la scorza.
2. Riscaldare a fuoco medio e lasciare cuocere a fuoco lento per 15 minuti mescolando costantemente.
3. Una volta che il liquido si è ridotto, trasferite i frutti in una ciotola e raffreddate in frigorifero per altri 15 minuti.
4. Una volta raffreddato, mescolare con lo yogurt freddo.

NUTRIZIONE: Calorie per porzione: 233 Carboidrati: 52,2 g Proteine: 3,5 g Grassi: 2,9 g

Cioccolato dado spalmato

Tempo di preparazione: 10 minuti

Tempo di cottura: 10 minuti

Porzioni: 4

INGREDIENTI:

- 1/4 di tazza di cacao in polvere non zuccherato
- 1/4 cucchiaino di noce moscata
- 1 cucchiaino di vaniglia
- 1/4 di tazza di olio di cocco
- 1 cucchiaino di stevia liquida
- 1/4 di tazza di crema al cocco
- 3 cucchiai di noci
- 1 tazza di mandorle

DIREZIONI:

1. Aggiungere le noci e le mandorle nel robot da cucina e lavorare fino a lisciatura.
2. Aggiungere olio e trattare per 1 minuto. Trasferire nella ciotola e mescolare in vaniglia, noce moscata e stevia liquida.
3. Aggiungere la crema di cocco nella pentola istantanea e mettere la pentola in modalità soffritto.
4. Aggiungere il composto di mandorle e cacao in polvere e mescolare bene e far cuocere per 5 minuti.

5. Versare nel contenitore e conservare in frigorifero per 30 minuti.

6. Servire e godere.

NUTRIZIONE: Calorie 342 Grassi 33,3 g Carboidrati 9,6 g Zucchero 1,8 g Proteine 7,8 g Colesterolo 0 mg

Ciotola per frutta a guscio

Tempo di preparazione: 10 minuti

Tempo di cottura: 10 minuti

Dosi: 2

INGREDIENTI:

- 1/4 di tazza di noci pecan, tritate
- 1/4 di tazza di cocco tritato
- 1 tazza d'acqua
- 3 cucchiai di olio di cocco
- 1/2 cucchiaino di cannella
- Una pera, tritata
- Una prugna, tritata
- 2 cucchiai di sterzo
- Una mela, tritata

DIREZIONI:

1. In un piatto caldo, aggiungere il cocco, l'olio di cocco, la pera, la mela, la prugna, la pera, la mela, la prugna e mescolare bene.
2. Versare l'acqua nella pentola istantanea, poi mettere il sottopentola nella pentola.
3. Mettere il piatto sopra il sottopentola.
4. Sigillare la pentola con il coperchio e cuocere in alto per 10 minuti.

5. Una volta fatto, rilasciare la pressione con il rilascio rapido. Rimuovere il coperchio.

6. Togliere il piatto dalla pentola con attenzione. Ricoprire con le noci pecan e servire.

NUTRIZIONE: Calorie 338 Grassi 25,4 g Carboidrati 47,2 g Zucchero 37,6 g Proteine 1,4 g Colesterolo 0 mg

Salsa di mele

Tempo di preparazione: 10 minuti

Tempo di cottura: 1 minuto

Porzioni: 12

INGREDIENTI:

- 3 libbre di mele pelate, pelate, torsolate e tagliate a dadini
- 1/3 tazza di succo di mela
- 1/2 cucchiaino di cannella macinata

DIREZIONI:

1. Aggiungere tutti gli ingredienti nella pentola istantanea e mescolare bene.
2. Sigillare la pentola con il coperchio e cuocere in alto per 1 minuto.
3. Una volta fatto, lasciare che la pressione venga rilasciata in modo naturale. Rimuovere il coperchio.
4. Frullare la miscela di mele con un frullatore a immersione fino ad ottenere una miscela omogenea.
5. Servire e godere.

NUTRIZIONE: Calorie 32 Grassi 0,1 g Carboidrati 8,6 g Zucchero 6,5 g Proteine 0,2 g Colesterolo 0 mg

Lamponi dolci al cocco

Tempo di preparazione: 10 minuti

Tempo di cottura: 2 minuti

Porzioni: 12

INGREDIENTI:

- 1/2 tazza di lamponi secchi
- 3 cucchiai di sterzo
- 1/2 tazza di cocco tritato
- 1/2 tazza di olio di cocco
- 1/2 tazza di burro di cocco

DIREZIONI:

1. Impostare la pentola istantanea in modalità sauté.
2. Aggiungere il burro di cocco nella pentola e lasciarlo sciogliere.
3. Aggiungere i lamponi, il cocco, l'olio, e sbandare e mescolare bene.
4. Sigillare la pentola con il coperchio e cuocere in alto per 2 minuti.
5. Una volta fatto, rilasciare la pressione con il rilascio rapido. Rimuovere il coperchio.
6. Spalmate la miscela di frutti di bosco su una teglia foderata di pergamena e mettetela in frigorifero per 3-4 ore.
7. Affettare e servire.

NUTRIZIONE: Calorie 101 Grassi 10,6 g Carboidrati 6,2 g Zucchero 5,1 g Proteine 0,3 g Colesterolo 0 mg

Ciotole di frutta cremosa

Tempo di preparazione: 10 minuti

Tempo di cottura: 1 minuto

Porzioni: 4

INGREDIENTI:

- 1 tazza di crema pesante
- 1 bicchiere d'uva, dimezzato
- Un avocado, pelato e tagliato a cubetti
- 3 tazze di ananas sbucciato e cubettato
- 1 tazza di mango, pelato e tagliato a cubetti
- 1/2 cucchiaino di vaniglia

DIREZIONI:

1. Aggiungere mango, ananas, avocado e uva nella pentola istantanea e mescolare bene.
2. Sigillare la pentola con il coperchio e cuocere in alto per 1 minuto.
3. Una volta fatto, rilasciare la pressione con il rilascio rapido. Rimuovere il coperchio.
4. Mescolare con vaniglia e panna pesante.
5. Servire e godere.

NUTRIZIONE: Calorie 309 Grassi 21,3 g Carboidrati 31,6 g Zucchero 21,9 g Proteine 2,7 g Colesterolo 41 mg

Delizioso Berry Crunch

Tempo di preparazione: 10 minuti

Tempo di cottura: 4 minuti

Dosi: 2

INGREDIENTI:

- 2 cucchiai di farina di mandorle
- 1 cucchiaino di cannella
- 1/2 tazza di noci pecan, tritate
- 2 cucchiai di olio di cocco
- 1/4 cucchiaino di gomma Xanthan
- 1/4 di tazza Eritritritolo
- 1 cucchiaino di vaniglia
- 20 more

DIREZIONI:

1. Aggiungere le more, la vaniglia, l'eritritolo e la gomma di xantano nel piatto a temperatura ambiente. Mescolare bene.

2. Mescolare la farina di mandorle, la cannella, le noci pecan e l'olio di cocco e cospargere il composto di more, quindi coprire il piatto con un foglio di alluminio.

3. Versare 1 tazza d'acqua nella pentola istantanea, poi mettere il sottopentola nella pentola.

4. Mettere il piatto sopra il sottopentola.

5. Sigillare la pentola con il coperchio e cuocere in alto per 4 minuti.

6. Una volta fatto, rilasciare la pressione con il rilascio rapido. Rimuovere il coperchio.

7. Servire e godere.

NUTRIZIONE: Calorie 224 Grassi 19,8 g Carboidrati 40,3 g Zucchero 33,9 g Proteine 2,9 g Colesterolo 0 mg

Mela cannella

Tempo di preparazione: 10 minuti

Tempo di cottura: 20 minuti

Porzioni: 4

INGREDIENTI:

- Quattro mele, torsolate e tagliate a pezzetti
- 1/2 tazza di succo di mela
- 1 cucchiaino di stevia liquida
- 2 cucchiai di cannella

DIREZIONI:

1. Aggiungere tutti gli ingredienti nella pentola istantanea e mescolare bene.
2. Chiudere la pentola con il coperchio e cuocere a bassa pressione per 20 minuti.
3. Una volta fatto, rilasciare la pressione con il rilascio rapido. Rimuovere il coperchio.
4. Servire e godere.

NUTRIZIONE: Calorie 133 Grassi 0,5 g Carboidrati 35,2 g Zucchero 26,2 g Proteine 0,7 g Colesterolo 0 mg

Pere alla vaniglia dolce

Tempo di preparazione: 10 minuti

Tempo di cottura: 15 minuti

Porzioni: 4

INGREDIENTI:

- 4 pere, tondellate e tagliate a cunei
- 1 cucchiaino di vaniglia
- 2 cucchiai di sciroppo d'acero
- 1/4 di tazza di uvetta
- 1 tazza di succo di mela

DIREZIONI:

1. Aggiungere tutti gli ingredienti nella pentola istantanea e mescolare bene.
2. Sigillare la pentola con il coperchio e cuocere in alto per 15 minuti.
3. Una volta fatto, rilasciare la pressione con il rilascio rapido. Rimuovere il coperchio.
4. Servire e godere.

NUTRIZIONE: Calorie 205 Grassi 0,4 g Carboidrati 52,8 g Zucchero 37,8 g Proteine 1,1 g Colesterolo 0 mg

Stufato di mela e arancia

Tempo di preparazione: 10 minuti

Tempo di cottura: 10 minuti

Porzioni: 4

INGREDIENTI:

- Quattro mele, torsolate e tagliate a cunei
- 1 cucchiaino di stevia liquida
- 1/2 tazza di succo d'arancia
- 1 tazza di succo di mela
- 1 cucchiaino di vaniglia

DIREZIONI:

1. Aggiungere tutti gli ingredienti nella pentola interna della pentola istantanea e mescolare bene.
2. Sigillare la pentola con il coperchio e cuocere in alto per 10 minuti.
3. Una volta fatto, lasciare che la pressione venga rilasciata in modo naturale per 10 minuti, quindi rilasciare rimanendo con il rilascio rapido. Rimuovere il coperchio.
4. Mescolare bene e servire.

NUTRIZIONE: Calorie 161 Grassi 0,5 g Carboidrati 41,2 g Zucchero 31,9 g Proteine 0,9 g Colesterolo 0 mg

PIANO DEI PASTI DIETETICI DI 30 GIORNI

GIORNO	COLAZIONE	PRANZO	CENA
1	Farina d'avena Keto	Braciole di maiale Tangy-Garlicky Pork Chops	Il tacchino arrosto semplice della mamma
2	Frittelle di cavolfiore	Costolette di maiale con salsa greca	Le migliori cosce di pollo al parmigiano
3	Muffin con formaggio e salsiccia	Polpette di carne di maiale e manzo	Pollo cremoso con asparagi freschi
4	Keto Omelet Caprese con formaggio	Carne di maiale in umido	Nutriente pollo saltato in padella con cavolo
5	Frittata con pancetta e asparagi	Hamburger di maiale e verdure	Insalata Mayo di tacchino
6	Omelette di Keto ai funghi	Carne di maiale al forno e verdure	Pollo con fagiolini
7	Keto Shakshuka del Sud	Impacchi di lattuga di maiale	Croccanti bocconcini di pollo fritto
8	Pane Keto con Zucchine	Costolette di maiale alla	Filetto di pollo con salsa di

		griglia	pomodoro
9	Pane di cocco Keto con semi	Carne di maiale piccante e capperi con olive	Bistecca al curry piccante
10	Cialde alla farina di cocco	Costolette di maiale con pomodori	Stufato di manzo
11	Barche per la prima colazione a base di avocado e salmone	Bistecche di maiale con salsa chimichurri	Stufato di manzo e cavolo
12	Hashish di verdure	Costolette di maiale con salsa di more	Manzo e funghi Chili
13	Colazione Tacos	Medaglioni di maiale con rosmarino	Bistecca con salsa al formaggio
14	Carota al forno con pancetta	Carne di maiale in umido e verdure	Bistecca con salsa di mirtilli
15	Insalata greca standard	Tilapia Taco Bowl di cavolo rosso	Bistecca alla griglia
16	Funghi cremosi con aglio e timo	Ippoglosso al forno	Filetto arrosto
17	Broccoli	Salmone	Costoletta di

	arrostiti facili	alla crema acida con parmigiano	prima qualità all'aglio
18	Cavolo arrosto con pancetta	Rotoli di gamberi Sushi	Taco al forno di manzo
19	Spuntino di ravanello al forno	Gamberi alla griglia con salsa al Chimichurri	Polpette al curry
20	Asparagi lessati con limone a fette	Polpettine di granchio al cocco	Polpette di carne in salsa di formaggio
21	Uova ripiene con ripieno di pancetta-vocado	Gamberetti in salsa al curry	Chili al cioccolato
22	Patatine alle zucchine piccanti	Tilapia con olive e salsa di pomodoro	Stufato di maiale e peperoncini
23	Insalata di cetrioli con pomodori e feta	Gamberetti al limone e aglio	Rotolo di spinaci Keto
24	Muffin di zucca	Capesante scottate con chorizo e formaggio Asiago	Insalata di spinaci di avocado e carciofi
25	Uova marinate	Torte di tonno	Insalata di avocado e calce di mais
26	Salsiccia e	Merluzzo in	Insalata di

	salsa al formaggio	padella	cavolo riccio di carote all'arancia
27	Gustosa salsa di cipolla e cavolfiore	Petti di pollo di Digione con germogli di Bruxelles	Zuppa di pomodoro alla crema di zucca
28	Cracker al pesto		Zuppa di cavolfiore cremoso
29	Zuppa di shirataki Keto	Polpette di pollo greco con Tzatziki	Insalata di spinaci all'aglio
30	Stufato di manzo a cottura lenta Keto	Insalata di pollo non tradizionale	Insalata di rucola alle mandorle e pesche

CONCLUSIONE

Il Keto Diet Cookbook Dieta è una raccolta di ricette sane per coloro che vogliono entrare nella dieta keto.

Ogni ricetta è stata realizzata con cura da un team di esperti della salute per garantire che siano il più sano possibile

Tutti soddisfano determinati requisiti, tra cui i requisiti della Dieta Keto e altri criteri importanti, come il basso contenuto di carboidrati e l'alto contenuto di grassi. Le ricette coprono una vasta gamma di ingredienti, permettendo di mescolare e abbinare gli ingredienti a seconda delle proprie preferenze.

Potete anche usarlo per trovare nuove ricette da fare a casa o quelle che potete cucinare quando uscite a cena nei migliori ristoranti. Rimarrete impressionati dalla varietà di ricette incluse in questo Keto Diet Cookbook.

La dieta Keto è una dieta ad alto contenuto di grassi a basso contenuto di carboidrati. Sta diventando popolare negli ultimi anni per migliorare la salute o perdere peso. Tuttavia, se si stanno avendo problemi con il tuo metabolismo e hanno problemi metabolici come il diabete allora questa dieta non può essere per voi. Questo non è un regime rigoroso in cui si taglia fuori i carboidrati completamente, quindi, è molto importante consultare il medico prima di iniziare questa dieta. La dieta chetogenica è più efficace per le persone che soffrono di obesità e resistenza all'insulina, così come per le persone con epilessia o malattie mitocondriali come il diabete di tipo 1 o tipo 2. Ci sono molte diverse varianti di questa dieta, ma questa si concentra sulla riduzione dei carboidrati che il corpo non può utilizzare o metabolizzare come energia (glicogeno). Questo abbassa i livelli di glucosio nel sangue ad un livello molto basso e aumenta il metabolismo dei grassi che ci fa raggiungere nei nostri depositi di grasso per alimentare l'energia del nostro corpo invece di carboidrati. Pertanto, promuove la perdita di peso da depositi di grasso piuttosto che la massa muscolare che rende il corpo molto più magro e definito, promuovendo la perdita di peso invece di guadagnare che può essere più pericoloso quando si cerca di perdere peso. L'idea alla base del keto è che il corpo brucerà i propri depositi di grasso per il carburante invece di consumare i preziosi depositi di carboidrati prima di bruciare i depositi di grasso per l'energia.

Il KETO DIET COOKBOOK è una grande risorsa per tutti coloro che seguono una dieta a basso contenuto di carboidrati o keto. Se siete nuovi alla dieta o semplicemente avete bisogno di un'opzione di pasto veloce a base di keto che non richiede molto sforzo, allora dovete dare un'occhiata al KETO DIET COOKBOOKBOOK KETO DIET. Questo libro di cucina vi mostrerà quanto sia semplice preparare pasti deliziosi con pochi ingredienti comuni. Non è più necessario passare ore in cucina!

A parte questo, questo non è solo un libro di cucina. Il KETO DIET COOKBOOKBOOK è una raccolta di informazioni e consigli utili, in modo che possiate rimanere in linea con il vostro piano dietetico. Per questo l'abbiamo creato. Vogliamo che tu abbia successo nel tuo viaggio in keto, in modo che tu possa perdere peso e raggiungere i tuoi obiettivi di salute!

Molte persone sono curiose di conoscere la dieta chetogenica. Questa dieta è stata originariamente utilizzata per controllare le crisi epilettiche nei bambini affetti da epilessia, ma ora è diventata sempre più popolare in tutto il mondo. La dieta prevede di mangiare meno di 20 grammi di carboidrati al giorno e si concentra su cibi ad alto contenuto di grassi, grassi integrali o proteine.

La dieta chetogenica limita l'assunzione di carboidrati e costringe il corpo a metabolizzare i grassi per ottenere energia. Gli studi hanno dimostrato che mangiare una dieta a basso contenuto di carboidrati può aiutare a perdere peso e a ridurre i livelli di zucchero nel sangue. Quando si mangia a basso contenuto di carboidrati, il corpo converte il grasso immagazzinato in composti chiamati chetoni che possono essere utilizzati come energia dal cervello e dai muscoli.

La dieta keto si concentra sul mangiare cibi integrali ed evitare cibi trasformati. Molte persone trovano che è difficile attenersi a una dieta a basso contenuto di carboidrati senza soffrire la fame, ma ci sono un bel po 'di ricette paleo in grado di soddisfare il conto. Ci sono un sacco di modi per soddisfare le vostre voglie aggiungendo salse preparate, zuppe e stufati nei vostri pasti. L'uso di cibi preparati vi permette di evitare di dover passare del tempo in cucina e vi aiuta ad attenervi al vostro piano di pasto quando vi sentite alla deriva.

Se siete nuovi nel mondo del paleo, o avete bisogno di un rapido aggiornamento sulla dieta, abbiamo messo insieme una lista di articoli utili qui sotto che vi aiuteranno con alcuni consigli e trucchi su come iniziare e rimanere in pista!